Solveig Hoffmann

Der Ventrale Vagus

Verstehen und Üben

Illustriert von
Klara Hemmerich

Anschrift der Autorin
Solveig Hoffmann
Eridanos - Zentrum für Salutogenese
Calle Vence, 35
E-38530 Candelaria
hoffmannsolveig@gmail.com
www.koerperstruktur.com

Illustration, Umschlagentwurf und Satz: Klara Hemmerich (klara.hemmerich@gmail.com)

Lektorat: Martina Schneider

Verlag & Druck: tredition GmbH, Halenreie 40-44, 22359 Hamburg
978-3-347-32699-6 (Paperback)
978-3-347-30022-4 (Hardcover)

Bibliografische Information der Deutschen Nationalbibliothek:
Die Deutsche Nationalbibliothek verzeichnet diese Publikation in der Deutschen Nationalbibliografie; detaillierte bibliografische Daten sind im Internet über http://dnb.d-nb.de abrufbar.

Haftungsausschluss:
Die Inhalte dieses Booklets dienen der neutralen Information. Sie stellen keine Empfehlung oder Bewerbung dar. Der Text erhebt keinen Anspruch auf Vollständigkeit, Richtigkeit und Aktualität.

Bei Beschwerden oder einer Erkrankung ersetzt der Text keinesfalls die fachliche Beratung durch einen Arzt und darf nicht als Grundlage zur eigenständigen Diagnose und Behandlung einer Krankheit verwendet werden.

Die Durchführung der Übungen erfolgt auf eigenes Risiko. Die Autorin haftet für keine Schäden, die beim Durchführen der Übungen eintreten könnten. Im Zweifelsfall beraten Sie sich mit einem Arzt Ihres Vertrauens.

Das autonome Nervensystem sorgt für das Überleben.

Der Mensch kann (könnte) als Kulturleistung für soziale
Sicherheit sorgen.

Die Polyvagal-Theorie schafft ein Bewusstsein für soziale
Verantwortung auf allen Ebenen.

Ich werde gesehen.
Ich werde nicht beobachtet.

Jeder weiß, wie sich das anfühlt. Zu beschreiben ist es schwer.

Sich gesehen fühlen, die Gewissheit, wahrgenommen zu werden, vermittelt so etwas wie Existenzberechtigung, Bejahung, Ermutigung, Ruhe, und die Aufforderung, sich zu zeigen, teilzunehmen, Fehler machen zu dürfen, fallen zu dürfen und aufgefangen zu werden – mitschaffende Sicherheit im Mensch-Werden.

Beobachtet werden ist manchmal Leben rettend. Mir fällt berufsbedingt da der schwere Unfall ein, eine drohende Lebensgefahr u. Ä.

Beobachtet sein im sozialen Miteinander treibt uns eventuell in den Rückzug oder in das Sich-präsentieren-Müssen.

Jeder Mensch, jedes Kind, braucht die Sicherheit, gesehen zu werden.
Sicherheit schenken und von Sicherheit beschenkt werden.

Vorwort

Die Zündung für dieses booklet war die **Polyvagal-Theorie** von **Stephen Porges**.

Der ventrale Vagus kommt seit vielen Jahren in der Seminararbeit von Dr. Hemmerich hier in unserem Zentrum für Salutogenese – Eridanos (www.eridanos.org) – immer wieder vor. Manchmal als Hauptthema eines ganzen Blockes, oft eingewoben in andere Themen.

Ich kannte ihn vorher nicht, den ventralen Vagus, und nach und nach schlug das Thema immer mehr bei mir ein. Ich empfinde das Thema so wertvoll und wichtig, dass ich gerne mitwirken möchte an dem bekannt Werden und an dem praktischen Umsetzen in den verschiedensten Lebensgebieten.

Als im Juli 2019 die Anfrage des Hogrefe Verlages nach einer erweiterten Neuauflage meines Buches „Aufrichtig Aufrecht" an mich kam, wollte ich unbedingt das Thema „ventraler Vagus" einarbeiten.

Das wurde dann ein Projekt, mit dem ich mich intensiv beschäftigte.

Zusammen mit Klara Hemmerich als bewährte Illustratorin machte ich mich an die Überarbeitung und Erweiterung für die dritte Auflage. Dann kam – kurz vor Abgabe des Skripts – Corona.

Corona manövrierte uns in einen sich ständig variierenden Ausnahmezustand. Ich begann – zu meiner eigenen Überraschung – mich ins online Arbeiten einzugewöhnen (mit toller Unterstützung durch Johanna Berndt, Hanoch Hemmerich und Heinz Kern). So fing ich an, zuerst online-Seminare, dann online workshops über den ventralen Vagus zu halten.

Inzwischen sind das zahlreiche online Veranstaltungen und Vorträge geworden, und oft wurde ich gefragt, ob es darüber etwas schriftlich von mir gibt. Ich hatte inzwischen mehr Erfahrung und auch eigene Ideen entwickelt.

Im November 2020 entschlossen Klara Hemmerich und ich uns zu einem neuen kleinen Buchprojekt. Klara Hemmerich hatte inzwischen neue Techniken gelernt, und war sofort mit Freude bereit, die Illustration zu übernehmen.

Das Ergebnis halten Sie in den Händen.

Es geht um den ventralen Vagus. Die theoretischen Grundlagen dazu sind kurz gehalten im ersten Teil des Büchleins. Dann kommen einige körperliche Übungen, angeregt durch das Buch von Stanley Rosenberg: der Selbstheilungsnerv und meine langjährige Praxis in der CANTIENICA®-Methode. Schließlich werden Anregungen gegeben für den Alltag das menschlichen miteinander Lebens.

Zuerst haben wir im eigenen online shop ohne Verlag das Buch vertrieben. Da es schnell gut angenommen wurde, entschlossen wir uns jetzt, den Druck und den Vertrieb dem Verlag tredition GmbH zu übergeben.

Candelaria, April, 2021

Literaturangaben

Das sind die drei bekannten Bücher, aus denen ich viel gelernt habe, und die auch von vielen anderen, die sich mit der Polyvagal-Theorie beschäftigen, meistens zitiert werden:

Die Polyvagal-Theorie und die Suche nach Sicherheit, Stephen W. Porges, G.P.Probst Verlag, Lichtenau/Westfalen, 2019, ISBN: 978-3-944476-19-3

Der Selbstheilungs-Nerv, Stanley Rosenberg, VAK Verlag, 2018, ISBN: 978-3-86731-211-0

Die Polyvagal-Theorie in der Therapie, Deb Dana, G.P.Probst Verlag, Lichtenau/Westfalen, 2019, ISBN: 978-3-944476-29-2

Aus der 3. Auflage von „Aufrichitg aufrecht" habe ich kleine Passagen übernommen noch bevor es im März 2021 erschienen war. Deswegen fehlen dabei die Seitenangaben.

Aufrichtig aufrecht, Solveig Hoffmann, Hogrefe Verlag, Bern, 3. Auflage 2021

Grundlagen zum autonomen Nervensystem

Erst etwas Theorie über das autonome Nervensystem.

Wer das kennt, kann das überspringen. Wer keine Lust auf theoretische Grundlagen hat, auch. Wer dagegen tiefer einsteigen will, muss sich die entsprechende Literatur besorgen. Hier wird nur ein kurzer Überblick gegeben.

Das **autonome Nervensystem** heißt so, da es selbständig arbeitet. Es ist unserem Wachbewusstsein nicht primär zugänglich – indirekt schon.

Das autonome Nervensystem regelt die Zusammenarbeit aller unserer Organe und Systeme. Es passt uns ständig der jeweiligen Lebenssituation an, die sich ja permanent ändert. Es kommuniziert mit den autonomen Nervensystemen der uns umgebenden Menschen.

Bekannt ist die Unterteilung in Sympathikus und Parasympathikus.

Der **Sympathikus** hilft beim Fliehen oder Kämpfen.

In anstrengenden, belastenden und gefährlichen Situationen stellt er genügend Energie zur Verfügung.

Der Blutzuckerspiegel steigt, auch der Blutdruck wird höher, der Herzschlag wird schneller, die Skelettmuskeln werden besser durchblutet, die Stoffwechselorgane werden runtergeschaltet.

Wir können besser fliehen oder kämpfen. Auch im übertragenen Sinn.

Der **Parasympathikus** wirkt schwerpunktmäßig, wenn wir ausruhen, wenn wir schlafen, wenn wir eine Entspannungspause machen.

Sind wir einer übergroßen Gefahr ausgesetzt, einer starken Bedrohung, kann der Parasympathikus uns erstarren lassen, bis zur Ohnmacht und zum Totstellen.

In solchen Situationen wird die Schmerzempfindung gedämpft.

Aus dem Tierreich ist gut bekannt, wie das Totstellen Leben retten kann. Für eine „tote" Maus interessiert sich die Katze nicht mehr.

Der Parasympathikus gliedert sich in ein **Craniales System**, - das heißt, dieses System hat seinen Ursprung im Stammhirn, - und ein **Sacrales System** – es kommt vom Rückenmark, vom Sacralmark.

Der **Nervus Vagus** gehört zum Cranialsystem.

Der Name will verdeutlichen, dass dieser Nerv herumschweift durch fast den ganzen Körper.

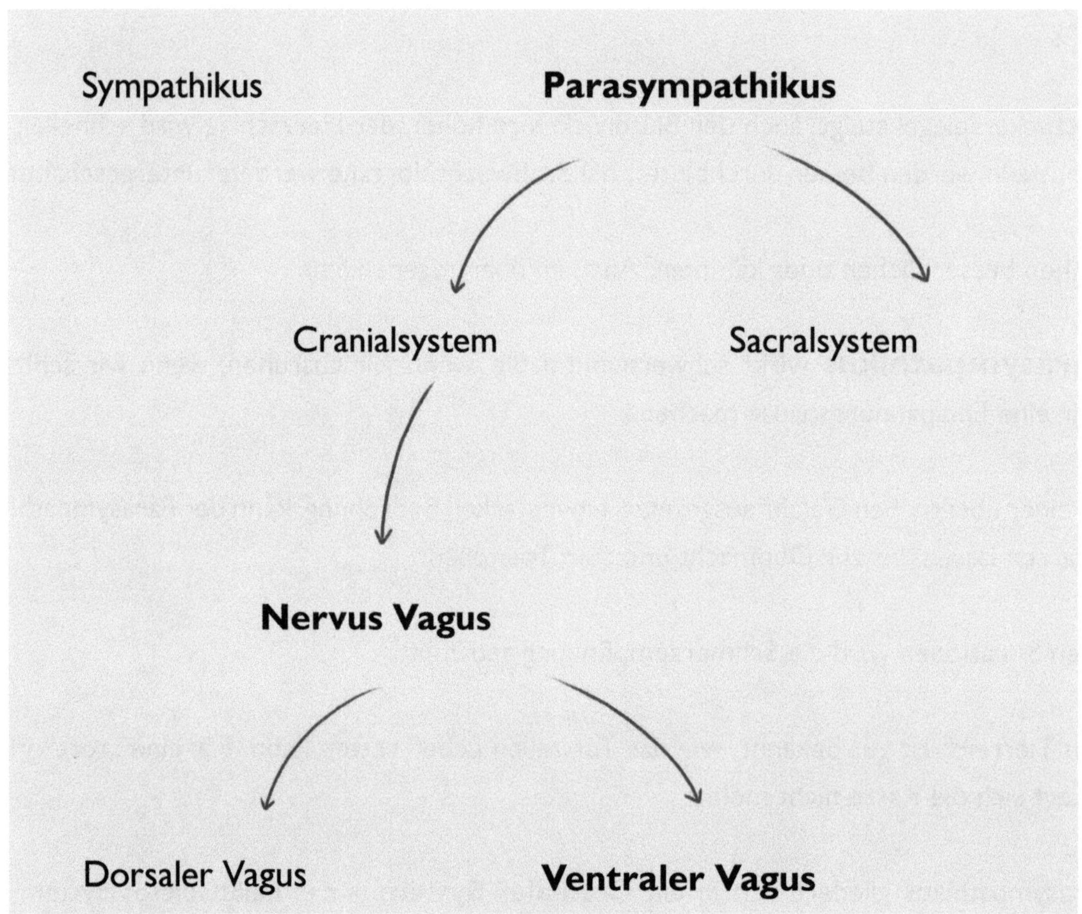

Abbildung 1. Vom Parasympathikus zum ventralen Vagus

Die Polyvagal-Theorie

Poly heißt „viel". Der Vagus ist nicht eins, er ist mehr.
Stephen W. Porges ist der Begründer der Polyvagal-Theorie. 1994 kam er damit in die Öffentlichkeit.

Das Ergebnis seiner Forschung zeigt, der Nervus Vagus hat zwei unterschiedliche Ursprungsorte im Gehirn. Jeder Ursprungsort hat eine andere Funktion. Der eine liegt weiter hinten (dorsal), der andere weiter vorne (ventral). So kam es zu den Namen: dorsaler Vagus und ventraler Vagus.

Die Vagus-Gruppe

Der ventrale Vagus ist eng vernetzt, oder, anders gesagt, arbeitet intensiv mit vier anderen Hirnnerven zusammen.

Das wird **Vagus-Gruppe** genannt.

Die Vagus-Gruppe entfaltet sich gut, wenn wir uns sicher fühlen, wenn unser autonomes Nervensystem informiert:

> Ich bin in Sicherheit.
> Ich muss mich nicht ums Überleben kümmern,
> Ich darf leben.

Da die autonomen Nervensysteme von Mensch zu Mensch miteinander kommunizieren, kann es ein Miteinander-Leben werden.

Das autonome Nervensystem „Mensch-speziell"

Sympathikus und Parasympathikus, von dem der Nervus Vagus ein Teil ist, helfen uns gemeinsam. Wir brauchen beide.

Höher entwickelte Tiere haben das auch.

Wir Menschen schaffen es manchmal nicht, unser Nervensystem, nachdem eine herausfordernde Situation vorbei ist, wieder zu harmonisieren. Das kann zu vielen seelischen Problemen und zu Krankheiten führen.

Das autonome Nervensystem steckt gewissermaßen fest im Überlebensmuster. In kleinem und großem Rahmen ist das in unserer Gesellschaft sehr verbreitet.

Sicherheit und leben, der Ventrale Vagus

„Es ist der herrliche Schritt, vom Überleben zum Leben zu kommen, unsere Physiologie auf der Grundlage gefühlter Sicherheit zu verwandeln und damit einen großen Beitrag zur individuellen und gesellschaftlichen Gesundheit zu ermöglichen."

(Hoffmann, 2021)

„Gemeinsam mit den anderen vier dazugehörigen Nerven fördert er (der ventrale Vagus) Ruhe und Erholung, und er stellt sicher, dass die physiologischen Voraussetzungen für eine optimale körperliche und seelische Gesundheit, Freundschaft, gemeinsames Arbeiten, gegenseitige Unterstützung ... gegeben sind. Im Zustand von Kontakt und Kommunikation können wir kreativ, positiv, produktiv und glücklich sein,"

(Rosenberg, 2019, S. 87)

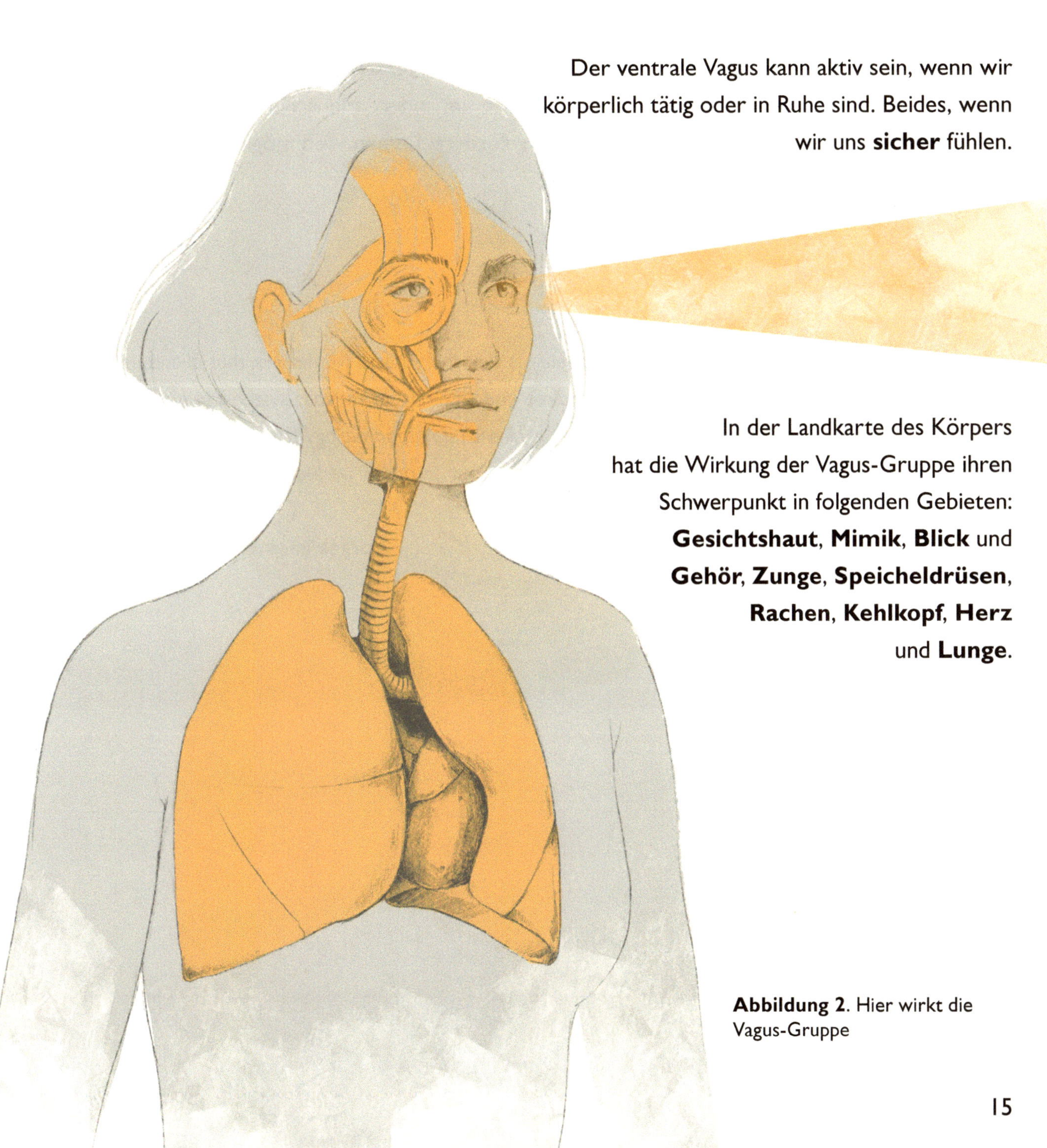

Der ventrale Vagus kann aktiv sein, wenn wir körperlich tätig oder in Ruhe sind. Beides, wenn wir uns **sicher** fühlen.

In der Landkarte des Körpers hat die Wirkung der Vagus-Gruppe ihren Schwerpunkt in folgenden Gebieten: **Gesichtshaut**, **Mimik**, **Blick** und **Gehör**, **Zunge**, **Speicheldrüsen**, **Rachen**, **Kehlkopf**, **Herz** und **Lunge**.

Abbildung 2. Hier wirkt die Vagus-Gruppe

Wenn die Vagus-Gruppe gut funktioniert, fühlt sich der Mensch geborgen, seinen Aufgaben gewachsen; er will gute soziale Kontakte pflegen, sich um andere Menschen und eventuell auch Tiere kümmern. Heilung und Wachstum werden gefördert, Lernen wird möglich.

Ein Zitat von Porges:

"The beauty of the Polyvagal Theory is that it creates a framework that allows us to better understand how to regulate and care for our nervous systems in a world that's progressing at the speed of light with a human biology that is not designed for the enormous demands we place upon ourselves."

(Porges in einem Interview)

Zusammenwirken

Sicherheit kann erlebt werden:

- Einmal mehr in Ruhe, Entspannung, angenehmer menschlicher Nähe. Dann wirken dorsaler und ventraler Vagus gut zusammen.
- Und auch in körperlicher Tätigkeit, Arbeit ohne Angst, Spiel und Sport, Wettkampf in freundschaftlicher Atmosphäre. Das sind dann Sympathikus und ventraler Vagus im guten Team.

Wie oben beschrieben: Ich fühle mich gesehen, aber nicht beobachtet!

Das autonome Nervensystem jedes Einzelnen ist abhängig von Gegebenheiten. Inzwischen gibt es die verschiedensten Hinweise, wie auch in Selbstverantwortung die Vagus-Gruppe positiv angeregt werden kann:

- für den Einzelnen im praktischen Leben (darum soll es in diesem Buch hauptsächlich gehen),
- berufsmäßig, in einem Arbeitsteam,
- in der Traumatherapie,
- in der Förderung autistischer Kinder.

Zu den beiden letzten Punkten finden Sie viel in der oben genannten Literatur.

Unterstützung der Vagus-Gruppe

Wie können wir uns und anderen helfen, dem autonomen Nervensystem das Gefühl von Sicherheit öfter zu ermöglichen?

Abbildung 3. Das „*soziale Schlaraffenland*".

Das „*soziale Schlaraffenland*" wäre: Ich bin umgeben von Menschen, die mich schätzen, die mich fördern, ich habe die Möglichkeit, das zu tun, was ich gut kann und woran mir viel liegt, ich kann aktiv sein in wohlwollender Atmosphäre, kann genügend schöpferische Pausen einlegen, darf lernen und Neues erleben und so weiter...

Manches davon ist realistisch, manches nicht. Für jeden etwas anders.

Was jeder **sofort** selber tun kann, dazu gibt es Empfehlungen und praktische Hinweise:

- Meist steht an erster Stelle: **Extend the exhale – den Ausatem verlangsamen, ausdehnen.** Das ist ein sehr wichtiger Punkt und wird immer betont, wenn es um die Stärkung der Aktivität der Vagus-Gruppe geht.
  Extend the exhale informiert unser autonomes Nervensystem: Ich bin in Sicherheit.
- Seit vielen Jahren leitet Dr. Hemmerich in den täglichen Meditationen auf Eridanos dazu an, den Atem kommen zu lassen, gleich wieder gehen zu lassen und **nach dem Ausatem eine unangestrengte Atempause zu üben.**

Andere praktische Hinweise:

- **Im Rachen gurgeln.** Viel singen, summen, trällern, pfeifen, Zungenbrecher üben, das tut uns gut und steckt vielleicht sogar andere an.
- **Bewegung, Bewegung, Bewegung, gute Bewegung.** Als Porges immer wieder gefragt wurde, was er denn tue im Lockdown, antwortete er; er verstärke seine Bewegungspraxis,
- Er skype mit Freunden und Familienmitgliedern, um **Blickkontakt** zu haben und zu **sprechen/hören.**
- Die **aufrechte Haltung des Körpers** spielt eine große Rolle.
- **Echte Gespräche**: Kontakt- und Kommunikationspflege.

Körperliche Übungen fand ich hauptsächlich in Stanley Rosenbergs Buch „Der Selbstheilungs-Nerv".

Die Übungen daraus sind empfehlenswert. Die Grundübung dauert gerade einmal zwei Minuten und ist leicht durchzuführen. Wer die Übungen lernen will, sollte sich das genannte Buch kaufen, sie sind dort gut beschrieben.

Ich habe fast alle lange praktiziert und tue es weiter. Viele Anregungen verdanke ich diesem Buch.

Die CANTIENICA®-Methode (www.Cantienica.com) wiederum ist meine Heimat, und ihre Prinzipien sind bei meinem Üben immer präsent.

Es entstanden Ideen für die übende Praxis.

Bedeutung der Kopfhaltung

Stanley Rosenbergs Übungen legen großen Wert auf eine gute Kopfhaltung, auf die Position der obersten Halswirbel, auf das Gleiten des Unterhautgewebes am Hinterkopf mit den vielen freien Nervenendigungen im Zusammenhang mit Augenbewegungen.

Zwei Muskelgruppen spielen bei ihm eine besondere Rolle. Die tiefen Nackenmuskeln, der sogenannte Nackenstern, und die vom Nervus accessorius innervierten Muskeln, der Musculus Sternocleidomastoideus und der Trapezmuskel.

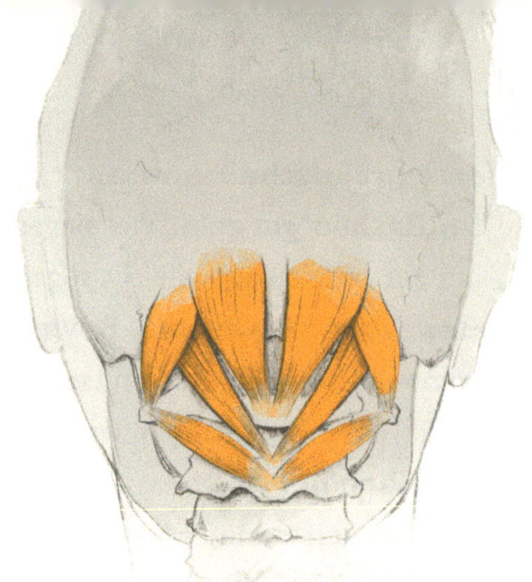

Abbildung 4. Nackenstern

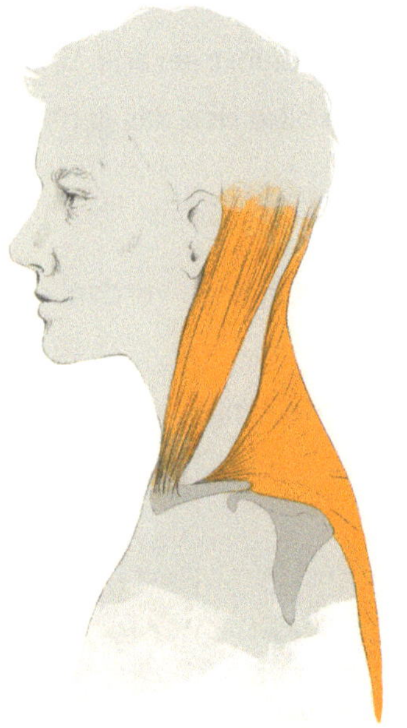

Abbildung 5 Musculus sternocleidomastoideus und Musculus trapezius

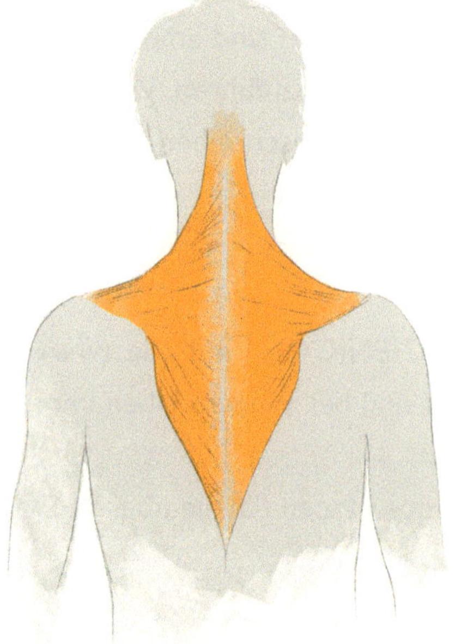

Abbildung 6. Musculus trapezius

Beide Muskelgruppen spielen eine entscheidende Rolle für die Kopfhaltung und die Beweglichkeit von Schultergürtel, Hals und Kopf.

Wie wichtig die Kopfhaltung für die Durchblutung des Stammhirnes ist, aus dem ja die Vagus-Gruppe kommt, zeigt Abbildung 7.

*„Die **Arteria vertebralis** verläuft durch kleine Öffnungen in den Querfortsätzen der Halswirbel. Sie versorgt u.a. einen großen Bereich des Hirnstammes, aus dem die Vagus-Gruppe entspringt.“*

(Hoffmann, 2021)

Knickt der Nacken ein, ist der Kopf weit vorgeschoben, sind die Nackenmuskeln verkrampft oder schlapp, kann die Durchblutung gestört werden.

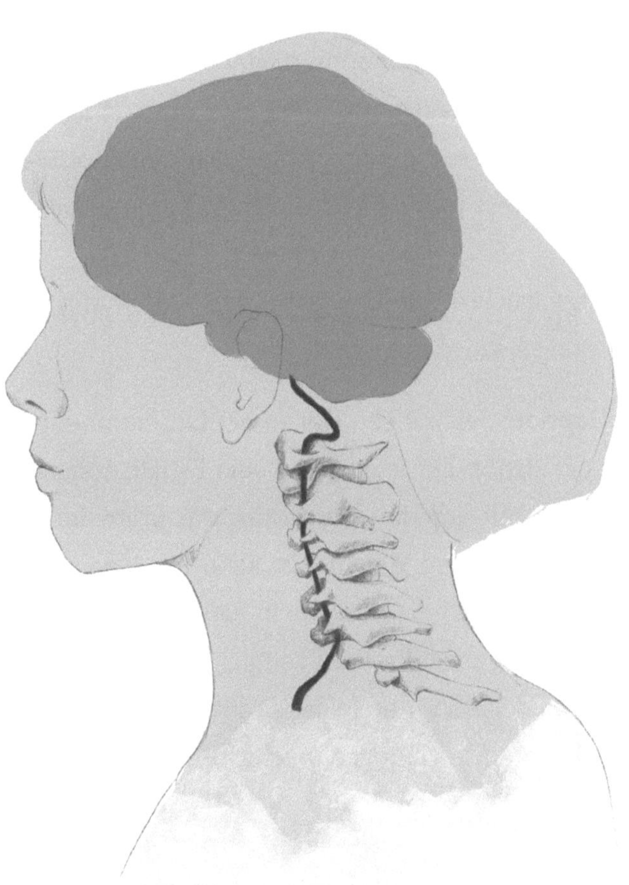

Abbildung 7. Arteria vertebralis

Einschub

Stanley Rosenberg überprüft die Wirkung seiner Behandlungsmethoden auf die Vagus-Gruppe an der Beweglichkeit des Gaumenzäpfchens. Wir hier nehmen dazu eine noch wenig bekannte Methode, die „NeuroCeption". Dabei wird die Stoffwechselaktivität des Frontalhirns gemessen. (www.neuroception.org).

*„Dr. Ruth Lanius, professor of psychiatry and director of the post-traumatic stress disorder research unit at the University of Western Ontario, says **activating the ventral vagus nerve also activates the prefrontal cortex**, the part of the brain that deals with logic. Calming yourself allows you to think clearly and process your difficult circumstances — which will further resolve stress."*

Das Fettgedruckte auf Deutsch: **den ventralen Vagus aktivieren aktiviert auch den präfrontalen Cortex**.

NeuroCeption: Seit einigen Jahren hat Dr. Hemmerich, leitender Arzt des Eridanos-Zentrums, und sein Familienteam ein neues Gerät entwickelt, um die Aktivierung des präfrontalen Cortex darzustellen. In einem Wärmebild kann der Übende wie in einem Foto, oder eigentlich besser, wie in einem Film, die Aktivität seines Präfrontalhirns sehen. Er sieht zeitgleich, was sich verändert in der Aktivität seines Präfrontalhirns, wenn er bestimmte Übungen macht.

Abbildung 8. NeuroCeption

Immer wieder sehen wir mit unseren Gästen, wie sich das Bild der Stoffwechselaktivität des Präfrontalhirns positiv verändert, wenn sie Übungen der CANTIENICA®-Methode machen. Aufrechte Haltung, bewusste Öffnung des Brustkorbes, aktiver Beckenboden, Zungenübungen, das wirkt aufs Gehirn.

Wenn ich Übungen probiere oder variiere, mache ich das oft mit dem Neuroception-Gerät. Das heißt natürlich nichts anderes, als dass die Übung in dieser Situation, unter diesen Bedingungen hilft.

Trotzdem gebe ich das hiermit weiter. Dann kann jeder Leser das probieren, was ihm sinnvoll erscheint, jeder kann variieren und Neues versuchen. Es ist als Werkstatt gemeint, nicht als endgültig. Nichts ist fertig. Jemand anderes hat ein anderes Werkzeug, das aus seinem Lebensweg hervorgehen mag.

Übungen

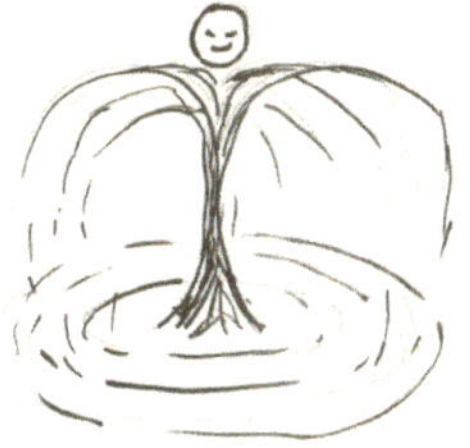

Erst eine Bildvorstellung:

Im Körperlot steigt ein Springbrunnen auf, der fällt genau dort auseinander, wo der Kopf getragen wird. Der aufsteigende Strahl kann als Atem, als Energie, als Kraftwelle erlebt werden.

Der Kopf wird getragen von diesem stark nach oben drängenden und dann auseinanderfallenden Strom.

Er wird getragen und gleichzeitig am Ort gehalten. Das ist wichtig für die jetzt beginnenden Übungen.

Der Kopf ist jetzt eine ideale Kugel, die am Ort rollen kann.

Abbildung 9. Springbrunnenkopf

Zuerst rollt die Kugel um die Achse, die von links nach rechts geht.

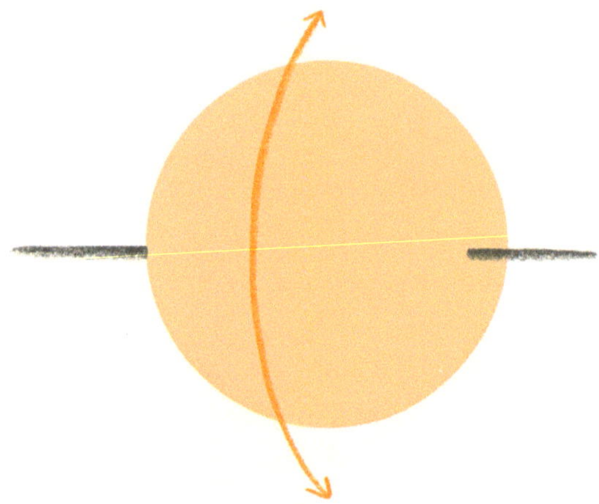

Abbildung 10a. Achse von rechts nach links durch den Mittelpunkt

Dadurch kommt es zu einer Nickbewegung. Wichtig: Die Kugel bleibt am Ort, der Schwerpunkt der Kugel verändert seine Position nicht. Die Bewegung ist klein, sie wird von den tiefen Nackenmuskeln initiiert, nicht von großen äußeren Muskeln. Vom Gefühl her geschieht sie ohne Muskelkraft, der Kopf schwimmt um die Achse, die horizontal von links nach rechts durch den Mittelpunkt der Kugel geht. Der Hinterkopf geht hoch, der Vorderkopf runter und dann umgekehrt, der Hinterkopf senkt sich, der Vorderkopf steigt. Vollkommen unangestrengt.

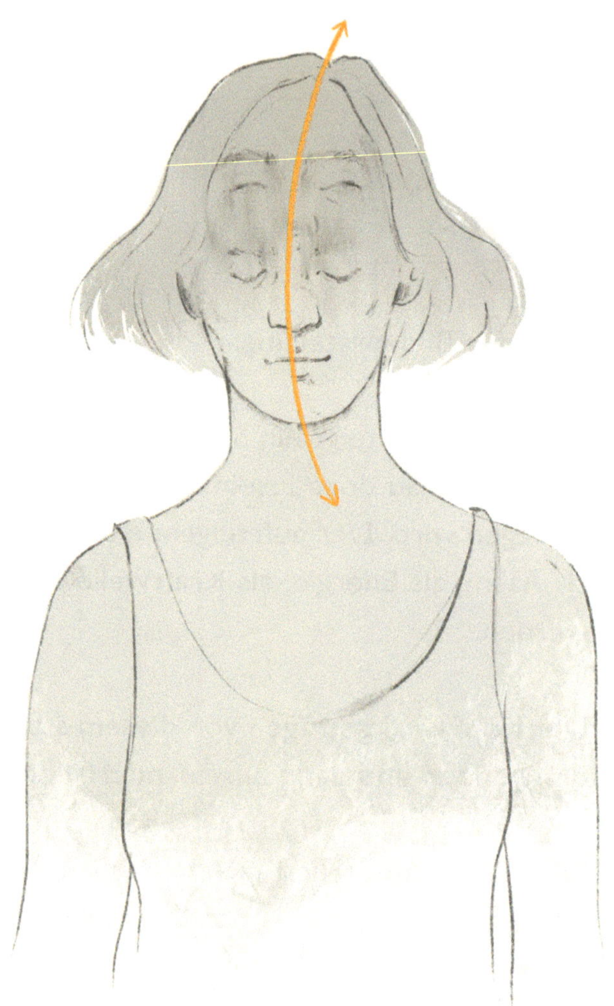

Abbildung 10b. Achse von rechts nach links durch den Mittelpunkt

Dann rollt die Kugel um die Achse, die von hinten nach vorne geht.

Abbildung 11a. Achse von hinten nach vorne

Es kommt zu einer Seitwärtsneigung des Kopfes. Wieder ist es eine kleine, feine Bewegung, innerlich intensiv erlebt.

Der Oberkopf geht nach rechts, der Unterkopf nach links, dann umgekehrt. Die Reihenfolge spielt keine Rolle.

Abbildung 11b. Neigebewegung um diese Achse

Dann rollt die Kugel um die Achse, die von unten nach oben durch den Mittelpunkt der Kugel geht.

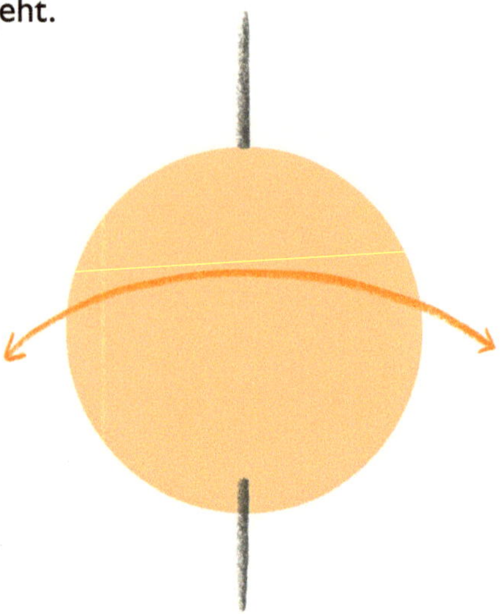

Abbildung 12a. Achse von unten nach oben

Der Kopf dreht ein wenig nach rechts und nach links. Der Vorderkopf geht nach rechts, der Hinterkopf nach links, dann umgekehrt. Unbedingt bleibt der Kugelschwerpunkt am Ort. Das ist erst einmal gar nicht so leicht. Der Kopf schwimmt gewissermaßen um seine eigene Achse nach rechts und nach links.

Die Bewegungen sind alle klein. Mit Muskelkraft und Verschieben des Schwerpunktes könnten viel größere Bewegungen gemacht werden. Nur ist das etwas Anderes.

Abbildung 12b. Drehbewegung um diese Achse

Aufgespannte, gedehnte, aufrechte Körperhaltung (s. CANTIENICA®-Methode). Das Brustbein wird lang, gerade und breit erlebt, die Schlüsselbeine ziehen zu den Seiten. Der Schultergürtel bleibt bei der Übung am Ort, wird äußerlich nicht bewegt. Hals und Kopf sind am Anfang gut zentriert, nach oben gedehnt.

Jetzt fangen Hals und Kopf an, nach rechts zu „wachsen". Nur wachsen, kein Kippen, Ziehen oder Drücken. Auch kein Ausweichen vor der Bewegung nach links. Dann das Gleiche nach links.

Abbildung 13. Hals und Kopf zu einer Seite dehnen

Beim nächsten Mal **Hals und Kopf nach rechts**, und auch **die Augen ziehen nach rechts oben**. Ein bisschen verweilen in der Dehnung, etwa 30 Sekunden, ohne starr zu werden. Immer wieder etwas mehr in die Dehnung hineinfließen, etwas weniger, etwas mehr... Für Geübte kann das vom Beckenboden impulsiert werden. Dann dehnen Hals und Kopf nach links, die Augen ziehen nach links oben. Genauso wie auf der ersten Seite.

Die nächste Variante wäre: **Hals und Kopf dehnen nach rechts oben, die Augen nach links oben**. Eine unangestrengte, ruhig fließende Bewegung, die in ein lebendiges mal mehr, mal weniger übergeht. Das Gleiche zur anderen Seite.

Abbildung 14 Hals und Kopf zu einer Seite, die Augen ziehen in die gleiche Richtung

Abbildung 15. Die Augen ziehen in die Gegenrichtung

Paradox - mit „ohne ihn zu beugen" ist gemeint, er wird nirgends kürzer.

Den Rumpf der Länge nach aufspannen nach oben. Dann dehnt sich das gefühlte Körperlot **nach vorne** in einen Bogen, ohne dass es vorne irgendwo kürzer wird, sich kontrahiert. Dadurch ist äußerlich gesehen die Bewegung klein, innerlich sehr intensiv und kräftigend.

Das Gleiche **nach hinten**. Ein gedehnter Bogen ohne abzuknicken oder sich zusammenzuziehen. Für Anfänger ist das nicht einfach. Deswegen bei dem kleinsten Schmerz sofort aufhören! Wenn sich alles dehnt, tut nichts weh. Beide Dehnungen weich intensivieren, etwas lösen, wieder mehr.

Abbildung 16. Dehnung des ganzen
Körpers nach vorne

Abbildung 17. Dehnung des ganzen
Körpers nach hinten

In der Brustwirbelsäule haben wir andere Gelenke als in der Lendenwirbelsäule und in der Halswirbelsäule. Die Gelenke der Brustwirbel lieben **Drehung**.

Zwölf Brustwirbel an einer Kette aufgereiht. Der unterste dreht sich ein bisschen und nimmt alle darüber mit, dann macht der nächste eine eigenständige Drehung und nimmt wieder die zehn darüber mit, der nächste dreht aktiv und nimmt die neun über ihm mit, und so weiter bis zum obersten Brustwirbel. Es ist eine **Schraubbewegung** von unten nach oben. Seit einiger Zeit nennen wir es Wendeltreppe, sie steigt hoch von Stufe zu Stufe. Die Wirbelkette wird dabei sogar gedehnt - wobei das Bild der Wendeltreppe nicht ganz stimmt. Es ist wie **eine Strickleiter, deren Mittelachse am Ort bleibt**, die Leiter als Ganzes sich in zwölf Stufen in eine Richtung aktiv dreht.

Oben angekommen hat sich der Brustkorb etwa um 45 Grad zu einer Seite gedreht, die Mittelachse ist am Ort geblieben, der Schultergürtel hat nicht „geholfen", er hat die Drehung passiv mitgemacht.

Wir sind meist gewohnt, mit den Schultern den Brustkorb zu drehen. Jetzt brauchen wir die Vorstellung, der Antrieb säße in der Brustwirbelsäule, um innen die Bewegung zu impulsieren.

Abbildung 18. Die Brustwirbelkette dreht aktiv in eine Richtung von unten nach oben

Hat sich der Brustkorb in eine Richtung gedreht, den **Kopf zur Gegenseite drehen**. Wieder wie in der vorherigen Übung, in die Dehnung wellenförmig hineinschmelzen, etwas lösen, wieder intensivieren. Nicht starr in der Dehnung verharren. In die andere Richtung genauso wiederholen.

Danach können auch noch die Augen drehen: **Brustkorb nach rechts, Kopf nach links, Augen nach rechts**.

Brustkorb nach links, Kopf nach rechts, Augen nach links.

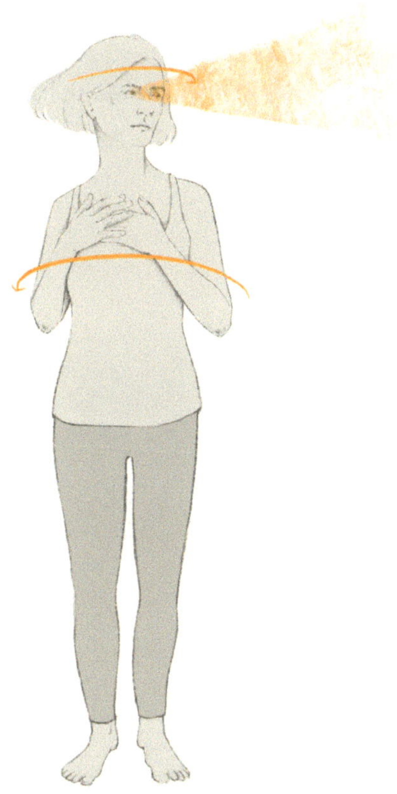

Abbildung 19. Die Brustwirbelkette dreht aktiv in eine Richtung von unten nach oben, der Kopf in die andere Richtung

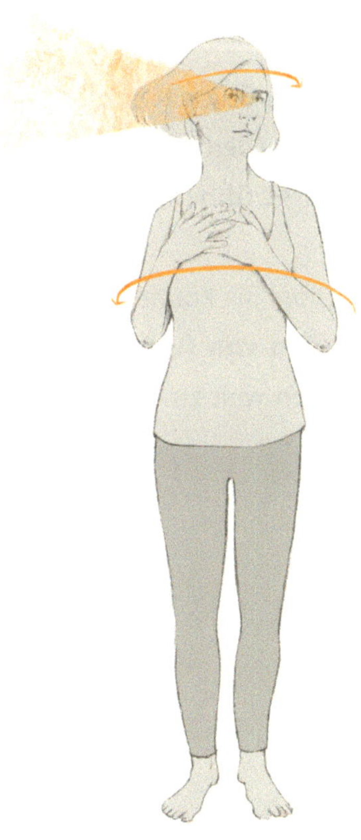

Abbildung 20. Wie 19, die Augen drehen in die Gegenrichtung des Kopfes

Gähnen wird sehr empfohlen, wenn es um die Vagus-Gruppe geht. Gähnen nimmt die Spannung aus dem Musculus masseter - das ist der sehr starke Kaumuskel, der heute oft zu viel Spannung hat. Wer nicht zeigen will, dass er gähnt, hält beim Gähnen die Lippen zusammen. Dabei kommt es zu einer intensiven Dehnung der tieferen Kaumuskeln.

Gähnen mit fast geschlossenen Lippen ist ein Bild für das Öffnen des Rachens.

Ein anderes: Das Stück Kartoffel, das Sie sich gerade in den Mund gesteckt haben, ist etwas zu heiß. Sie machen den **Mund und den Rachen innerlich weit auf**, die **Lippen bleiben nur etwas geöffnet übereinander**.

Dritte Variation: Sie können **im Rachen eine Zwischenform von A und O formen**, ohne die Lippen weit zu öffnen.

Abbildung 21. Heiße Kartoffel

Dabei geht es nicht um Bewegung, mehr um ein **wahrnehmendes Öffnen des Brustraumes**.

Die Handflächen nehmen Kontakt auf zum **Brustraum**, ohne ihn zu berühren. Sie nehmen eine Qualität wahr, die wie Wärme, Kraft, Fülle oder anders erlebt werden kann. Auch die Innenseite der Arme umschließt diesen erweiterten Brustraum, der sich intensiv erfüllt anfühlt, und die Intensität steigt mit der wachen Verbindung von Brustkorb und Innenarmen.

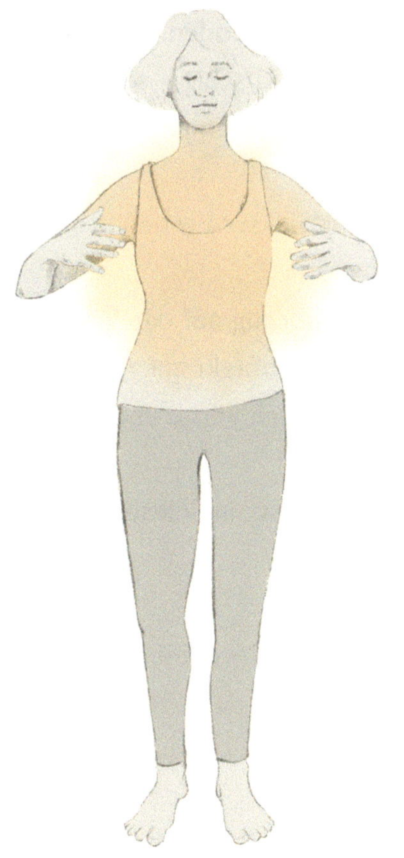

Wenn nach einer Weile dieser Raum ganz lebendig ist, fangen Arme und Hände an, ihn **beim Einatmen etwas auszudehnen** und **beim Ausatmen wieder zurückzuführen**. Der Kontakt von Brustkorb und Innenarmen reißt dabei nie ab. Mancher erlebt dabei fast, als würden die Arme leicht nach außen gedrückt.

Abbildung 22. Den Brustraum atmend erweitern

Die Zunge bekam bei mir von Workshop zu Workshop immer mehr Bedeutung.

Ich ließ eine ganz einfache Übung machen:

- Die Zunge **so hart machen, wie es geht**. Sie wird wie eine Walze.
- Dann die Zunge **in der Vorstellung auseinanderfließen lassen**. Vom Erleben her verwandelt sich die Oberfläche der Zunge in einen See, der sich ausbreitet in alle Richtungen. Die Wirkung bei mir war erstaunlich. Ich hatte das Gefühl, im Kopf und im Gesicht wird alles sanft lebendiger. Eine Teilnehmerin spürte es sogar im Beckenboden. Fast immer sehe ich, wenn jemand das macht, wie das Gesicht – klingt vielleicht kitschig – selig aussieht. Dieses Auseinanderfließen können Sie gut mit dem Ausatem und der Atempause verbinden.

Die Zunge ist der beweglichste Muskel des Körpers. Die Muskelfasern gehen in alle Richtungen.

Die Zungenspitze ist der empfindlichste Teil des Körpers in Bezug auf das Tasten. Die Zunge geht nicht von Knochen zu Knochen, sie endet frei. Sie nimmt Kontakt auf zu den Zähnen, zum Mundinneren, aber eben auch über die Körpergrenzen hinaus nach vorne und seitlich.

Dass sie viele unterschiedliche Geschmacksknospen hat, ist in diesem Zusammenhang nebensächlich.

Wir erleben ja eher die Oberfläche der Zunge. Die breite Zungenwurzel, die zum Mundboden geht, ist uns nicht so nah.

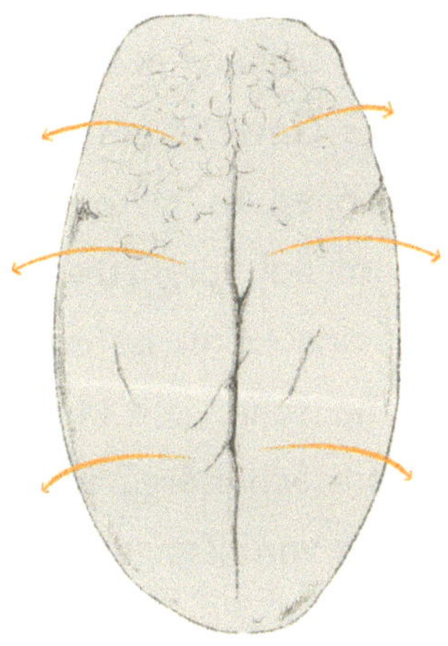

Abbildung 23. Die Zungenoberfläche fließt in alle Richtungen

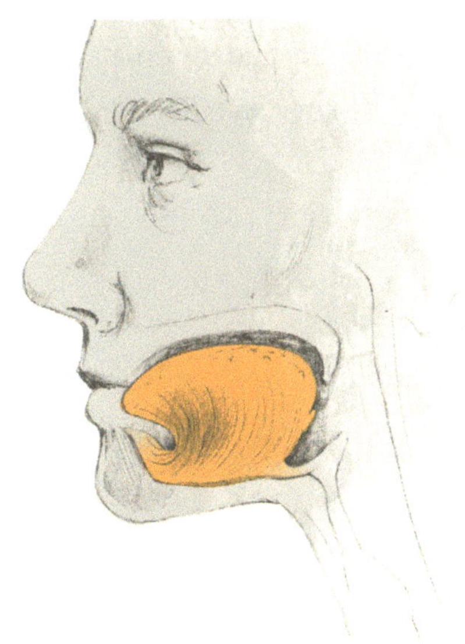

Abbildung 24. Zungenwurzel

Die Zunge hat eine **Mittellinie** und **zwei Bäuche**. Es kann sich als Versuch lohnen, nur rechts auseinanderfließen zu lassen, dann nur links, und dabei wahrzunehmen, was in Gesicht und im Kopfinneren vorgeht. Ich persönlich sehe besser, wenn ich die linke Seite speziell weit mache.

Die Zunge kann auch **innerlich anschwellen**, vom Gefühl her dicker werden, nicht sichtbar, ohne dabei die Muskulatur anzuspannen. Das kann auch wieder seitengetrennt geübt werden. Gerne reagiert der Nackenstern mit.

Die **Zungenwurzel** können Sie finden, indem Sie hinter den unteren Zähnen auf den Mundboden mit einem Finger tasten, dann die Zunge strecken, sie spüren mit dem Finger, dass sich der Mundboden hebt.

Sich die Zungenwurzel innerlich lebendig machen und in ihr **Diagonalen** vorstellen. Zum Beispiel vom Mundboden rechts vorne zum Zungenrand links oben hinten.

Abbildung 25. Das Zungenbein

Das **Zungenbein** ist wichtig für die Kopfhaltung. Dieser Aussage bin ich öfter begegnet, wenn ich mich in eine Bewegungsmethode vertiefte. Seinen Kehlkopf kennt jeder. Über ihm kommt weiches Gewebe und darüber das knöcherne Zungenbein. Sie können es tasten. Es ist wie ein Teil im Mundboden, es wird bei vorgestrecktem Kopf nach vorne unten gedrückt. Seine Form ist ein Hufeisen. Zu diesem Knochen gehen sehr, sehr viele Muskeln. Vom Mundboden, vom Kehlkopf, vom Schultergürtel, und eben ein großer Teil der Zunge kommt vom Zungenbein.

Das **Zungenbein Richtung Hinterkopf zu denken,** kann den Kopf oft besser platzieren. **Die rechte Seite des Zungenbeins Richtung rechtes Ohr denken**, **die linke zum linken** hilft manchmal besser. Wer es in sich gefunden hat, das Zungenbein, und auch ohne hinzufassen spürt, kann versuchen, in der Vorstellung das Zungenbein etwas auseinanderzudehnen, nach rechts und links. Wieder ohne Muskelkraft, nur in der Vorstellung. Der Körper, oft der Nacken, reagiert darauf.

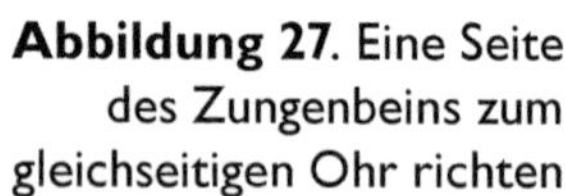

Abbildung 26. Das Zungenbein suchen

Abbildung 27. Eine Seite des Zungenbeins zum gleichseitigen Ohr richten

Abbildung 29.
Panoramablick

Abbildung 28. Offener, warmer Blick

Ein offener, empfangender Blick tut dem gut, der so angeschaut wird. Er fühlt sich gesehen und nicht beobachtet. Viel liegt daran, was der Mensch, der so blickt, „macht". Er umfängt sein Gegenüber, er „zerlegt" es nicht. Der Blick ist weich, warm, wach zugewandt, ohne zu fixieren.

Der Panoramablick: In die Ferne blicken, ohne etwas zu fixieren, rechts und links auch sehen, obwohl die Augen sich nicht bewegen. Wenn etwas Bestimmtes gesehen werden soll, **die innere Aufmerksamkeit darauf richten, ohne es mit den Augen festzuhalten**.

Einer monotonen Stimme zuzuhören kann anstrengend oder sogar unangenehm sein. Ist die Stimme facettenreich, hat sie eine Schwingungsvielfalt, tut das dem Zuhörer gut – dem Sprecher auch. Das Fachwort heißt: **Prosodie**. Zum Üben:

- beim Sprechen an die Füße denken,
- den Bauch mitvibrieren lassen,
- jeden Druck aus der Stimme nehmen,
- der eigenen Stimme nachlauschen,
- aus dem Zuhörer heraus sprechen,
- summen üben und den ganzen Leib mitschwingen lassen.

Das können Anregungen sein. Die Stimme ist manchmal wichtiger als der Inhalt, der ausgesprochen wird. **Stimmt die Stimme?**

Abbildung 30. Sprechen und Nachlauschen.

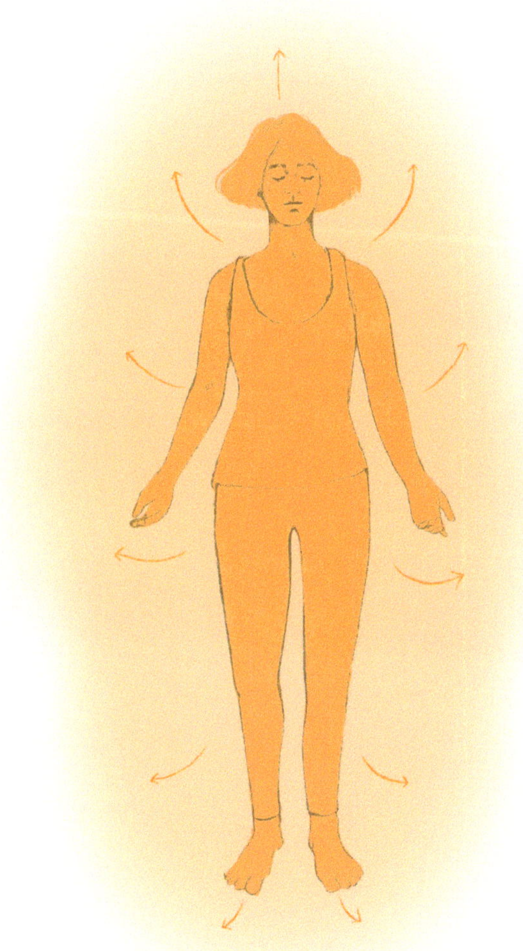

Wach werden über die ganze Hautoberfläche. Die Haut als durchlässig erleben und sich über die Haut in alle Richtungen ausdehnen. Beim Ausatmen, - oder als Bild, mit der ganzen Haut ausatmen - in alle Richtungen. Auch über den Hinterkopf, die Fußsohlen, die Achseln...

Es muss gar nicht mit dem tatsächlichen Ausatmen passieren, als Bild – ich weite mich, ohne mich zu verlieren. Das autonome Nervensystem signalisiert: Ich bin in Sicherheit.

Abbildung 31. Durchlässigkeit

Alles hier Geschriebene sind Vorschläge. Das eine oder andere mag aufgegriffen werden.
Und es ist auch nicht so gemeint, dass solche Übungen das Wichtigste sind für das „System für
Kontakt und Kommunikation", sprich, für die Aktivierung der Vagus-Gruppe.

Laut Porges hat seine Polyvagal-Theorie Konsequenzen:

* für die Pflege,
* für die Psychiatrie,
* für die Pädagogik,
* für die Traumatherapie,
* für die Tierhaltung - auch Säugetiere haben einen ventralen Vagus.

Im sozialen Zusammenhang kann viel verwirklicht werden, in Kollegien, in landwirtschaftlichen
Betrieben, im Konsumverhalten...

Jeder kann seinen Beitrag leisten, die Theorie in Praxis zu verwandeln auf fast allen
Lebensgebieten. Eine Polyvagal-Praxis.

Anhang

Hierarchie der drei Systeme

- **Ventraler Vagus:** Kontakt und Kommunikation „der junge Vagus" steht ganz oben
- **Sympathikus:** Anspannung und Bedrohung
- **Dorsaler Vagus:** Immobilisierung durch Angst "alter Vagus"

„Mein dorsaler Vagus tritt in Aktion, wenn ich keine Möglichkeiten habe; mich in einer Situation gefangen fühle; unwichtig bin; kritisiert werde; mich fühle, als spiele ich nicht die geringste Rolle; mich fühle, als ob ich nicht dazu gehöre.

Mein sympathisches Nervensystem tritt in Aktion, wenn ich gedrängt werde; ignoriert werde; verwirrt bin; gedrängt werde, mich zu entscheiden oder für etwas Partei zu ergreifen; in meinem Umfeld ein Konflikt besteht; mich für zu viele Menschen und Dinge verantwortlich fühle.

Mein ventraler Vagus wird aktiv, wenn ich an Menschen denke, die mir wichtig sind; ich in der Natur bin; mir zugestehe, eigene Entscheidungen zu treffen; Musik höre; unter den Sternen stehe..."

(Deb Dana, S. 46)

Die Vagus-Gruppe

Zum System des sozialen Engagements gehören:

1. Der vordere Ast des Nervus Vagus (X),
2. Der Nervus Trigeminus (V),
3. Der Nervus Facialis (VII),
4. Der Nervus Glossopharyngeus (IX),
5. Der Nervus Hypoglossus (XII), Nervus Accessorius(XI) (das wird unterschiedlich angegeben, mal steht der Hypoglossus, mal der Accessorius. Wir haben beide angeführt.

Mit den Ergebnissen der Forschung von Professor Stephen Porges wissen wir, dass unsere autonomen Nervensysteme untereinander kommunizieren.

Sicherheit schenken und von Sicherheit beschenkt werden

Vielen Dank für's Lesen dieses kleinen persönlichen Büchleins!

Vielen Dank den Teilnehmer*innen* der Online-Seminare, ohne die der Inhalt des Büchleins nicht zustande gekommen wäre.

Benita Cantieni hat durch ihre Methode und ihre Freundschaft sehr mitgewirkt in mir beim Schreiben von „Der Ventrale Vagus".

Zahlreiche andere Menschen haben geholfen beim Erstellen des Büchleins. Besonders erwähnen möchte ich Martina Schneider, die das Korrekturlesen professionell durchgeführt hat, Hanoch Hemmerich für die Organisation des Online-Shops, und Johanna Berndt und Fritz Hemmerich für ihre wertvolle Unterstützung.

Solveig Hoffmann